how to get the most out of your pop planner

1. Commit to writing everything in it
2. As soon as a date is set, write it in the monthly and weekly calendar
3. If the date is in the following year, write in forward yearly planner page and transfer once you have next year's planner
4. Check your week coming up on Sunday night, so nothing sneaks up on you
5. Brain dump everything to your To Do List in weekly calendar, then allocate items to the days
6. Use erasable pens or pencils, as plans change!
7. Tick things off as you complete them, it gives such a feeling of accomplishment
8. Jot down notes taken over the phone directly into your planner so you always have them to go back to
9. Use the blank pages at the start of each month to brainstorm events, goals, etc
10. Spend time creating your vision board for the year ahead, it is fun, relaxing and creates intention
11. Set goals and refer to them often
12. Check the back page for information about the providers of our quotes, plus re-order details

Dixie and Ann

#make it happen!

goals...

It's amazing what we can achieve when we put it out to the universe and make a plan. So go on, set yourself 3 big goals for the year below and then plan.organise.prioritise. by transferring deadlines into your monthly and weekly plans.

my BIG goal for this year is...

In 9 months I will

In 6 months I will

In 3 months I will

This week I will

3 months **6** months **9** months **1** YEAR

my BIG goal for this year is...

In 9 months I will

In 6 months I will

In 3 months I will

This week I will

3 months **6** months **9** months **1** YEAR

'Be prepared to challenge the received wisdom. It often isn't very wise.'
Bronwyn Reid author of *Small Company Big Crisis*

my BIG goal for this year is...

In 9 months I will

In 6 months I will

In 3 months I will

This week I will

3 months 6 months 9 months 1 YEAR

I want to read, go to, watch, see...

Books

Movies TV

Live shows

health + wellness

Looking after ourselves is just sooooo important, yet how often do we put this at the bottom of our lists?
You need to include health and wellness in your routine, plan.organise.prioritise. by putting time into your monthly and weekly plans.
Take time to set some health and wellness goals for the year ahead...

'Our understanding of the body's structure (anatomy) affects the ways we are *able to think about* its health-care.' Sue Adstrum, PhD

Measurements some of us like to keep track of where our bodies are at in terms of measurements, it can be a good way to help us achieve certain goals, set ourselves realistic targets etc. The choice is yours, do it weekly, monthly, twice a year, or never!

	JAN	FEB	MAR	APR	MAY	JUN	JUL	AUG	SEP	OCT	NOV	DEC
weight												
chest												
waist												
hips												
thigh												
arm												

Resources books, websites, apps, people, courses, activities, places, practitioners ...

We all love a good holiday and there's nothing better than knowing you have something to look forward to when the going gets tough! You can do it, just plan.organise.prioritise.

Destination

Packing list

Places to...

Other Adventures

'It's only the way we look at things that makes us believe that certain situations are either doable or hopeless.' David Stannard, The Vision Guy

my vision

So you've spent some time setting goals, making plans, writing down things you want to make happen this year. The next step is to create a visual, how do you WANT your year to look? Have some fun here, you can cut out photos or words, draw, write, create a page that will inspire you to plan.organise.prioritise. and #makeithappen!

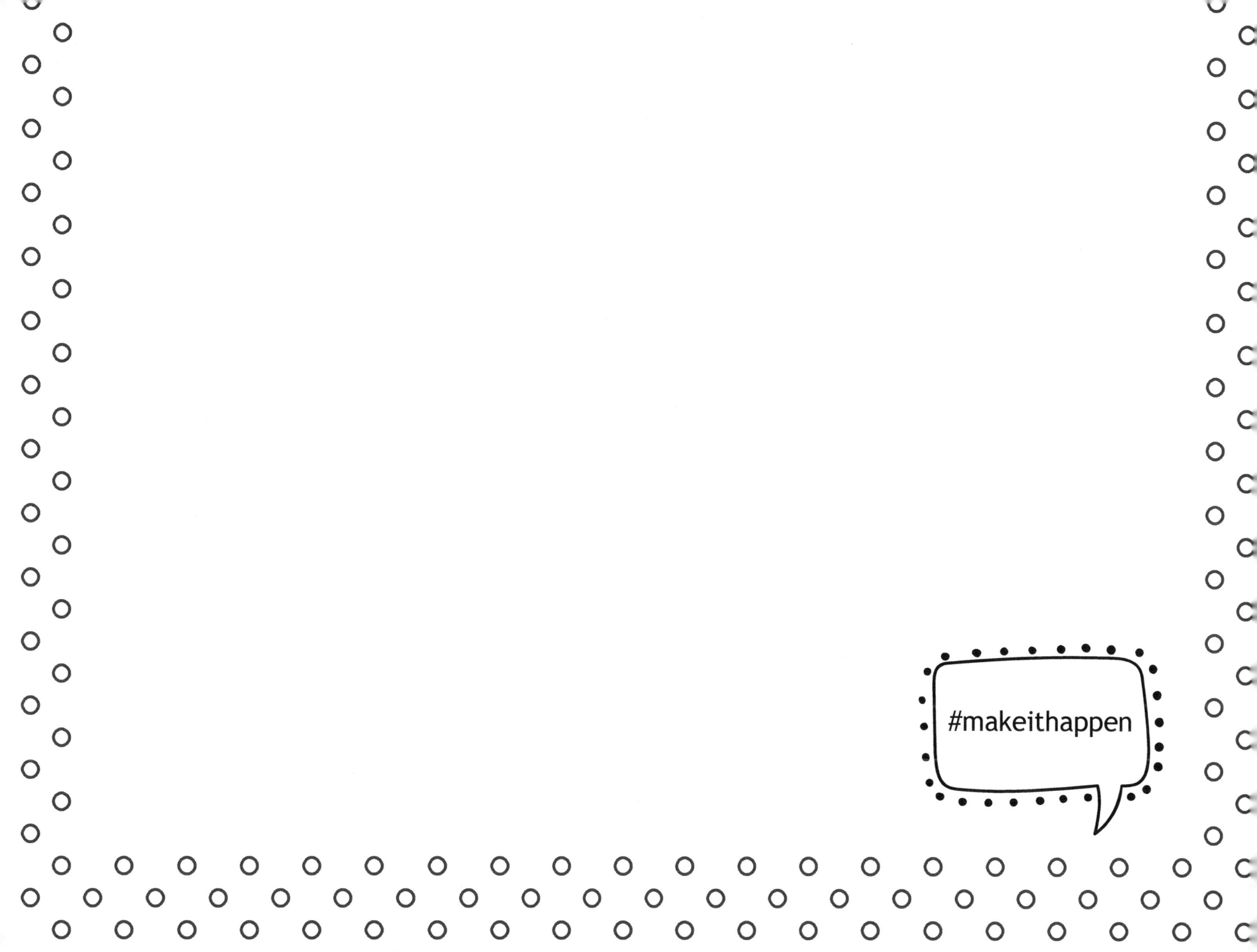

Running your own business can be amazing, challenging, heart warming, heart breaking, invigorating, tiring... all rolled into one. One thing WE KNOW is that if you **plan.organise.prioritise.** it makes life a whole lot easier and reaching your goals a lot more achievable.

words to **describe** my business

☐ fun   ☐ ....
☐ service driven ☐ ....
☐ friendly   ☐ ....
☐ luxe   ☐ ....
☐ sophisticated ☐ ....

- -
business name

My WHY what drives me to continue, even when things get tough...

things **we value** as a business

My IDEAL CLIENT age...gender...occupation...income...etc...

what **problems** do we solve?

mission statement

what do I need to **work on** this year?

- ☐ finances
- ☐ time management
- ☐ systems/procedures
- ☐ social media
- ☐ marketing
- ☐ product development
- ☐ customer service
- ☐ learning/development
- ☐ mission focus
- ☐ building my team
- ☐ ....
- ☐ ....
- ☐ ....
- ☐ ....

biggest goals
I want to work on this year

brain dump!

Do not overthink it, just scribble down you wants, worries, dreams etc...

#makeithappen

social media cheat sheet

We all know that social media is where people are seeing your business the most, so it is important to keep it updated and fresh

☐ Make sure your About section is current and up to date

☐ Facebook header is prime real estate. Change it every few months and when you are promoting something new.

Remember who your ideal **client** is.

What are the 3 main problems or challenges they face?

What content can you promote to help them with their problem?

plan! plan! plan!

quotes: inspirational/educational

1 ....

2 ....

3 ....

4 ....

shareable images that will inspire/teach/inform/are funny

1 ....

2 ....

3 ....

4 ....

tips: how to or insider tips

1 ....

2 ....

3 ....

4 ....

other: ideas/events/sales

1 ....

2 ....

3 ....

4 ....

remember social media is not a one-size-fits all. It is as unique as you and your business are. What works for someone else, may not work for you ... keep it authentic!

ideas

Posts for holiday and celebrations: Mother's Day/Valentines/Christmas

Create regular theme days: Sunday Funday, Tuesday Funny, Wednesday Tips, Inspo Thursday

Turn the camera on you every now and then. Let your clients/customers/followers connect with who you are and what drives you.

our favourite go to resources

canva.com – creating images
easil.com – creating images
mailchimp.com – newsletters/mailing lists
hootsuite.com – social media scheduling
basecamp.com – online team project managment
bit.ly.com – shortening links
unsplash.com – free photo images
repost app – reposting instagram images
wordswag app – fast image creation

Social media marketing principles for success

1. Share valuable content
2. Be consistent
3. Be yourself/be authentic
4. Find your tribe/don't cater to everyone
5. Don't just promote
6. Make your followers feel important
7. Respond and engage
8. Choose your channels wisely
9. Experiment with advertising
10. Post what you want to read

you ROCK!

good vibes

personal + important details

Bank Details

Medicare

Insurances

Passport #

Tax file #

Driver's Licence #

Frequent Flyer

ABN

Contacts

Doctor
_____

Details
_____
_____

Dentist
_____

Details
_____
_____

Vet
_____

Details
_____
_____

School/Child Care
_____

Details
_____
_____

Neighbour
_____

Details
_____

Internet Provider
_____

Details
_____

Mobile Provider
_____

Details
_____

Power
_____

Details
_____

Gas
_____

Details
_____

Water
_____

Details
_____

Local Council
_____

Details
_____

Insurance
_____

Details
_____

'Reinvention at midlife begins with a small voice
that whispers to your heart "what if?".'

Cat Coluccio

Public Holidays

New Year's Day – Monday January 3

Australia Day – Wednesday January 26

Good Friday – Friday April 15

Easter Saturday – Saturday April 16

Easter Sunday – Sunday April 17

Easter Monday – Monday April 18

ANZAC Day – Monday April 25

Queen's Birthday – Monday June 13 (ex WA, Qld)

Christmas Day – Sunday December 25

Boxing Day – Monday December 26

Christmas Day observed – Tuesday December 27

Other Holidays

Valentine's Day – Monday February 14

Mother's Day – Sunday May 8

Sorry Day – Thursday May 26

Father's Day – Sunday September 4

Halloween – Monday October 31

State Holidays

Australian Capital Territory

Canberra Day – Monday March 14

Reconciliation Day – Monday May 30

Labour Day – Monday October 3

New South Wales

NSW Bank Holiday – Monday August 1

Labour Day – Monday October 3

Victoria

Labour Day – Monday March 14

AFL Grand Final – Friday September 23

Melbourne Cup Day – Tuesday November 1

Tasmania

Eight Hours Day – Monday March 14

Easter Tuesday – Tuesday April 19

Recreation Day – Monday November 7

South Australia

March Public Holiday – Monday March 14 (Adelaide Cup)

Labour Day/Volunteers Day – Monday October 3

Christmas Eve* – Saturday December 24

Proclamation Day Holiday – Tuesday December 27

New Year's Eve* – Saturday December 31

Note: Part day public holiday from 7pm to midnight on Christmas Eve and New Years Eve

Western Australia

Labour Day – Monday March 7

Western Australia Day – Monday June 6

Queen's Birthday – Monday September 26

Northern Territory

May Day – Monday May 2

Picnic Day – Monday August 1

Christmas Eve* – Saturday December 24

New Year's Eve – Saturday Dec 31

Note: Part day public holiday from 6pm to midnight on Christmas Eve

Queensland

Labour Day – Monday May 2

Ekka Wednesday – Wednesday August 10 (Brisbane Only)

Queen's Birthday – Monday October 3

Christmas Eve* – Saturday December 24

Note: Part day public holiday from 6pm to midnight on Christmas Eve

School Terms 2022

ACT
TERM 1 1 Feb 2022 – 8 Apr 2022
TERM 2 26 Apr 2022 – 1 Jul 2022
TERM 3 18 Jul 2022 – 23 Sep 2022
TERM 4 10 Oct 2022 – 16 Dec 2022

NEW SOUTH WALES
TERM 1 28 Jan 2022 – 8 Apr 2022
TERM 2 26 Apr 2022 – 1 Jul 2022
TERM 3 18 Jul 2022 – 23 Sep 2022
TERM 4 10 Oct 2022 – 20 Dec 2022

NORTHERN TERRITORY
TERM 1 31 Jan 2022 – 8 Apr 2022
TERM 2 19 Apr 2022 – 24 Jun 2022
TERM 3 19 Jul 2022 – 23 Sep 2022
TERM 4 10 Oct 2022 – 15 Dec 2022

QUEENSLAND
TERM 1 24 Jan 2022 – 1 Apr 2022
TERM 2 19 Apr 2022 – 24 Jun 2022
TERM 3 11 Jul 2022 – 16 Sep 2022
TERM 4 4 Oct 2022 – 9 Dec 2022

SOUTH AUSTRALIA
TERM 1 31 Jan 2022 – 14 Apr 2022
TERM 2 2 May 2022 – 8 July 2022
TERM 3 25 Jul 2022 – 30 Sep 2022
TERM 4 17 Oct 2022 – 16 Dec 2022

TASMANIA
TERM 1 9 Feb 2022 – 14 Apr 2022
TERM 2 2 May 2022 – 8 Jul 2022
TERM 3 25 Jul 2022 – 30 Sep 2022
TERM 4 17 Oct 2022 – 21 Dec 2022

VICTORIA
TERM 1 28 Jan 2022 – 8 Apr 2022
TERM 2 26 Apr 2022 – 24 Jun 2022
TERM 3 11 Jul 2022 – 16 Sep 2022
TERM 4 3 Oct 2022 – 20 Dec 2022

WESTERN AUSTRALIA
TERM 1 31 Jan 2022 – 8 Apr 2022
TERM 2 26 Apr 2022 – 1 July 2022
TERM 3 18 Jul 2022 – 23 Sep 2022
TERM 4 10 Oct 2022 – 15 Dec 2022

USA holidays

New Year's Day – Saturday January 1
Martin Luther King Jr. Day – Monday January 17
Presidents' Day – Monday February 21
Memorial Day – Monday May 30
Independence Day – Monday July 4
Labor Day – Monday September 5
Columbus Day – Monday October 10
Veteran's Day – Friday November 11
Thanksgiving Day – Thursday November 24
Christmas Day – Sunday December 25
Christmas Holiday – Monday December 26

UK holidays

New Year's Day Observed – Monday January 3
May Day Bank Holiday – Monday May 2
Spring Bank Holiday – Thursday June 2
Platinum Jubilee Bank Holiday – Friday June 3
Summer Bank Holiday – Monday August 29
Christmas Day Observed – Tuesday December 27
Boxing Day – Monday December 26

NZ holidays

New Year's Day – Saturday January 1
Day after New Year's Day – Sunday January 2
New Year's Day Holiday – Monday January 3
Day after New Year's Day Holiday – Tuesday January 4
Wellington Anniversary Day* – Monday January 24
Auckland Anniversary Day* – Monday January 31
Nelson Anniversary Day* – Monday January 31
Waitangi Day* – Sunday February 6
Taranaki Anniversary Day* – Monday March 14
Otago Anniversary Day* – Monday March 21
Southland Anniversary Day* – Tuesday April 19
ANZAC Day – Monday April 25
Queen's Birthday – Monday June 6
South Canterbury Anniversary Day* – Monday September 26
Hawkes' Bay Anniversary Day* – Friday October 21
Labour Day – Monday October 24
Marlborough Anniversary Day* – Monday October 31
Canterbury Anniversary Day* – Friday November 11
Chatham Islands Anniversary Day* – Monday November 28
Westland Anniversary Day* – Monday November 28

*Note: Local observance only Monday February 7

2022

January	February	March	April	May	June
1 S New Year's Day	1 T	1 T	1 F	1 S	1 W
2 S	2 W	2 W	2 S	2 M	2 T
3 M	3 T	3 T	3 S	3 T	3 F
4 T	4 F	4 F	4 M	4 W	4 S
5 W	5 S	5 S	5 T	5 T	5 S
6 T	6 S	6 S	6 W	6 F	6 M
7 F	7 M	7 M	7 T	7 S	7 T
8 S	8 T	8 T	8 F	8 S	8 W
9 S	9 W	9 W	9 S	9 M	9 T
10 M	10 T	10 T	10 S	10 T	10 F
11 T	11 F	11 F	11 M	11 W	11 S
12 W	12 S	12 S	12 T	12 T	12 S
13 T	13 S	13 S	13 W	13 F	13 M Queen's Birthday (ex WA, Qld)
14 F	14 M	14 M	14 T	14 S	14 T
15 S	15 T	15 T	15 F Good Friday	15 S	15 W
16 S	16 W	16 W	16 S Easter Saturday	16 M	16 T
17 M	17 T	17 T	17 S Easter Sunday	17 T	17 F
18 T	18 F	18 F	18 M Easter Monday	18 W	18 S
19 W	19 S	19 S	19 T	19 T	19 S
20 T	20 S	20 S	20 W	20 F	20 M
21 F	21 M	21 M	21 T	21 S	21 T
22 S	22 T	22 T	22 F	22 S	22 W
23 S	23 W	23 W	23 S	23 M	23 T
24 M	24 T	24 T	24 S	24 T	24 F
25 T	25 F	25 F	25 M Anzac Day	25 W	25 S
26 W Australia Day	26 S	26 S	26 T	26 T	26 S
27 T	27 S	27 S	27 W	27 F	27 M
28 F	28 M	28 M	28 T	28 S	28 T
29 S		29 T	29 F	29 S	29 W
30 S		30 W	30 S	30 M	30 T
31 M		31 T		31 T	

July	August	September	October	November	December
1 F	1 M	1 T	1 S	1 T	1 T
2 S	2 T	2 F	2 S	2 W	2 F
3 S	3 W	3 S	3 M Queen's Birthday (Qld)	3 T	3 S
4 M	4 T	4 S	4 T	4 F	4 S
5 T	5 F	5 M	5 W	5 S	5 M
6 W	6 S	6 T	6 T	6 S	6 T
7 T	7 S	7 W	7 F	7 M	7 W
8 F	8 M	8 T	8 S	8 T	8 T
9 S	9 T	9 F	9 S	9 W	9 F
10 S	10 W	10 S	10 M	10 T	10 S
11 M	11 T	11 S	11 T	11 F	11 S
12 T	12 F	12 M	12 W	12 S	12 M
13 W	13 S	13 T	13 T	13 S	13 T
14 T	14 S	14 W	14 F	14 M	14 W
15 F	15 M	15 T	15 S	15 T	15 T
16 S	16 T	16 F	16 S	16 W	16 F
17 S	17 W	17 S	17 M	17 T	17 S
18 M	18 T	18 S	18 T	18 F	18 S
19 T	19 F	19 M	19 W	19 S	19 M
20 W	20 S	20 T	20 T	20 S	20 T
21 T	21 S	21 W	21 F	21 M	21 W
22 F	22 M	22 T	22 S	22 T	22 T
23 S	23 T	23 F	23 S	23 W	23 F
24 S	24 W	24 S	24 M	24 T	24 S Christmas Eve
25 M	25 T	25 S	25 T	25 F	25 S Christmas Day
26 T	26 F	26 M Queen's Birthday (WA)	26 W	26 S	26 M Boxing Day
27 W	27 S	27 T	27 T	27 S	27 T Christmas Day Holiday
28 T	28 S	28 W	28 F	28 M	28 W
29 F	29 M	29 T	29 S	29 T	29 T
30 S	30 T	30 F	30 S	30 W	30 F
31 S	31 W		31 M		31 S New Year's Eve

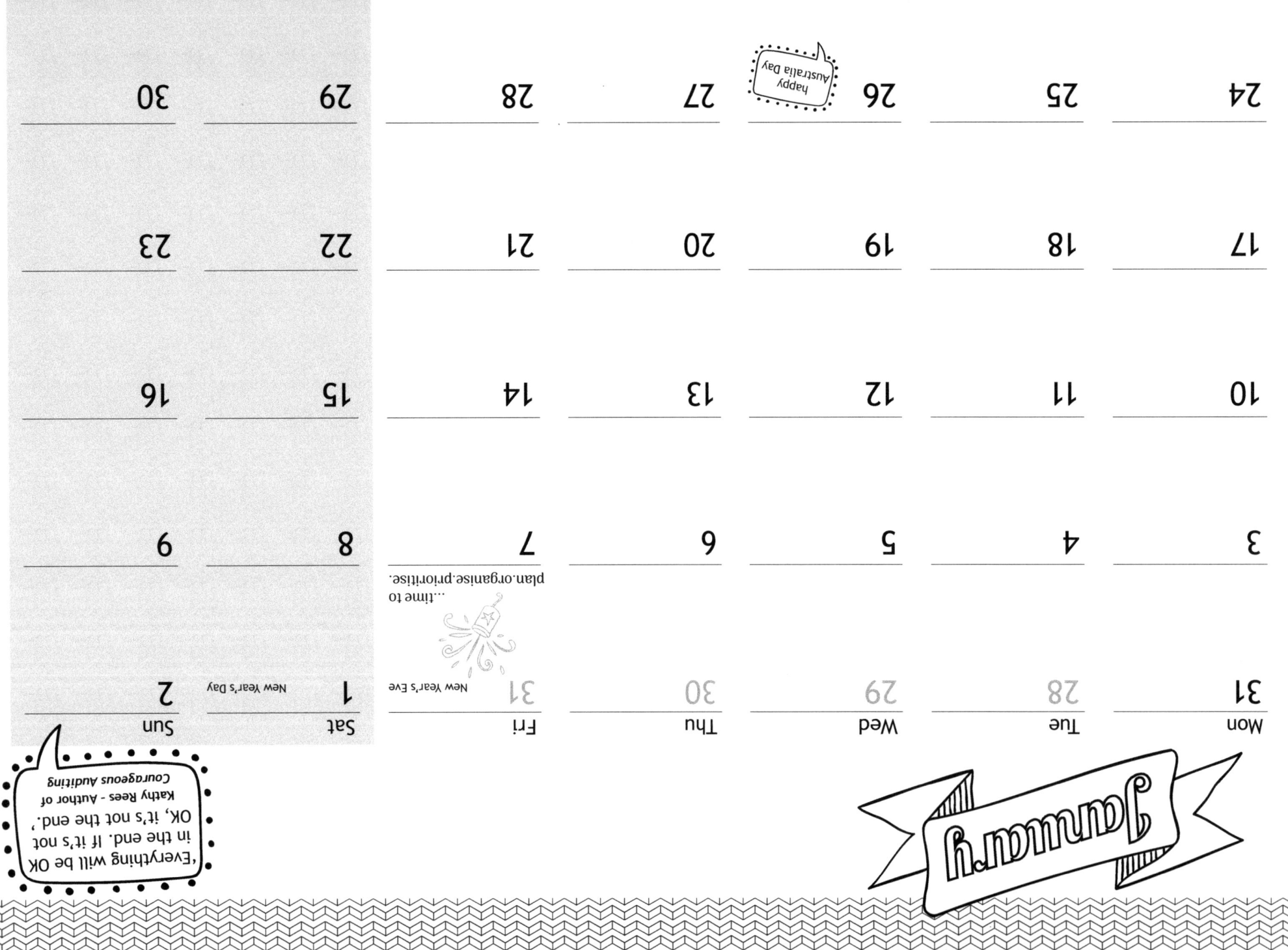

This month's game changer...
A new goal/habit/challenge

"

"

Jan 1-2 *week 1*

Mon 27 Dec	Tue 28 Dec	Wed 29 Dec	Thu 30 Dec	Fri 31 Dec
9am	9am	9am	9am	9am
10	10	10	10	10
11	11	11	11	11
12pm	12pm	12pm	12pm	12pm
1	1	1	1	1
2	2	2	2	2
3	3	3	3	3
4	4	4	4	4
5	5	5	5	5
6	6	6	6	6
7	7	7	7	7
8	8	8	8	8
9	9	9	9	9

what's on tonight?

this week's **menu**

wellness goals

Sat 1
New Year's Day

9am
10
11
12pm
1
2
3
4
5
6
7
8
9

Sun 2

9am
10
11
12pm
1
2
3
4
5
6
7
8
9

TO DO LIST

plan.organise.prioritise.

don't forget...

Jan 3-9 *week 2*

Mon 3	Tue 4	Wed 5	Thu 6	Fri 7
9am	9am	9am	9am	9am
10	10	10	10	10
11	11	11	11	11
12pm	12pm	12pm	12pm	12pm
1	1	1	1	1
2	2	2	2	2
3	3	3	3	3
4	4	4	4	4
5	5	5	5	5
6	6	6	6	6
7	7	7	7	7
8	8	8	8	8
9	9	9	9	9

what's on tonight?

this week's **menu**

wellness goals

Sat 8

- 9am
- 10
- 11
- 12pm
- 1
- 2
- 3
- 4
- 5
- 6
- 7
- 8
- 9

Sun 9

- 9am
- 10
- 11
- 12pm
- 1
- 2
- 3
- 4
- 5
- 6
- 7
- 8
- 9

TO DO LIST

plan.organise.prioritise.

don't forget...

Jan 10-16 *week 3*

Mon 10	Tue 11	Wed 12	Thu 13	Fri 14
9am	9am	9am	9am	9am
10	10	10	10	10
11	11	11	11	11
12pm	12pm	12pm	12pm	12pm
1	1	1	1	1
2	2	2	2	2
3	3	3	3	3
4	4	4	4	4
5	5	5	5	5
6	6	6	6	6
7	7	7	7	7
8	8	8	8	8
9	9	9	9	9

what's on **tonight?**

this week's **menu**

wellness goals

Sat 15

- 9am
- 10
- 11
- 12pm
- 1
- 2
- 3
- 4
- 5
- 6
- 7
- 8
- 9

Sun 16

- 9am
- 10
- 11
- 12pm
- 1
- 2
- 3
- 4
- 5
- 6
- 7
- 8
- 9

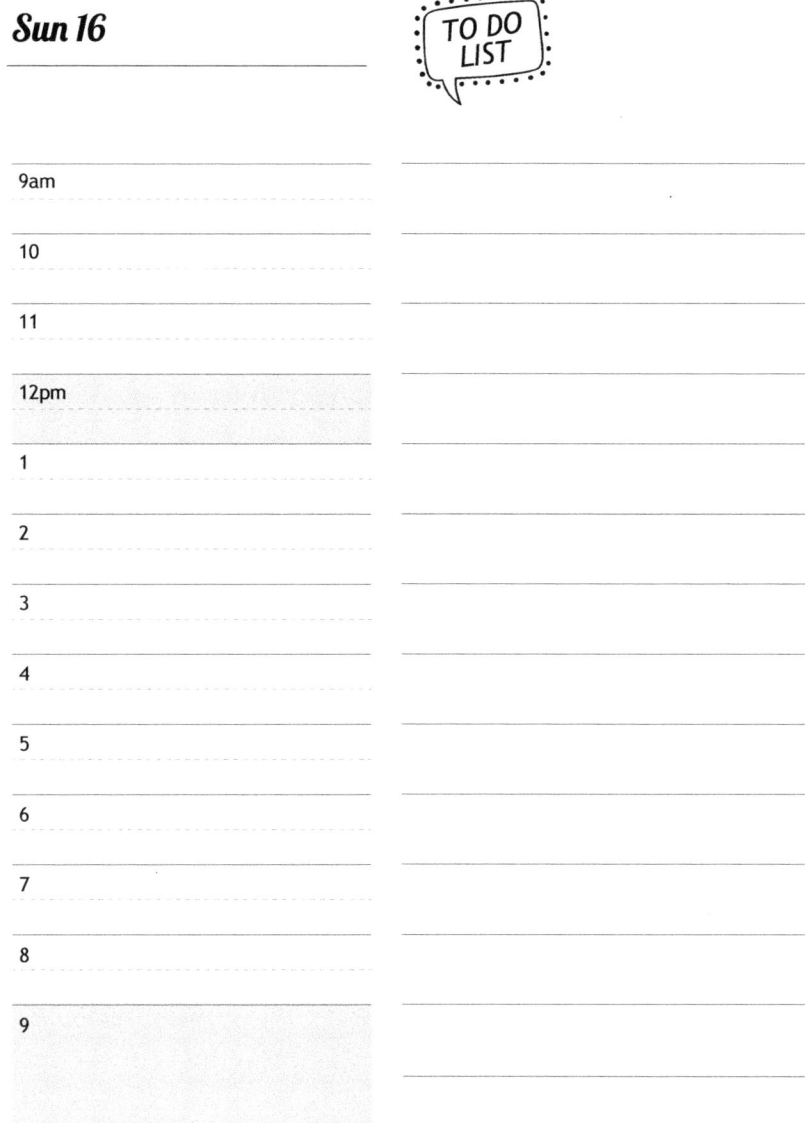

TO DO LIST

plan.organise.prioritise.

don't forget...

Jan 17-23 *week 4*

Mon 17	Tue 18	Wed 19	Thu 20	Fri 21
9am	9am	9am	9am	9am
10	10	10	10	10
11	11	11	11	11
12pm	12pm	12pm	12pm	12pm
1	1	1	1	1
2	2	2	2	2
3	3	3	3	3
4	4	4	4	4
5	5	5	5	5
6	6	6	6	6
7	7	7	7	7
8	8	8	8	8
9	9	9	9	9

what's on tonight?

this week's menu

wellness goals

Sat 22

- 9am
- 10
- 11
- 12pm
- 1
- 2
- 3
- 4
- 5
- 6
- 7
- 8
- 9

Sun 23

- 9am
- 10
- 11
- 12pm
- 1
- 2
- 3
- 4
- 5
- 6
- 7
- 8
- 9

TO DO LIST

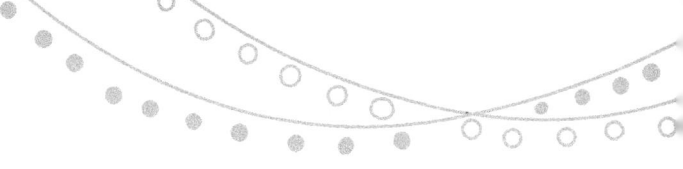

plan.organise.prioritise.

Jan 24-30 *week 5*

Mon 24	Tue 25	Wed 26	Thu 27	Fri 28
9am	9am	9am	9am	9am
10	10	10	10	10
11	11	11	11	11
12pm	12pm	12pm	12pm	12pm
1	1	1	1	1
2	2	2	2	2
3	3	3	3	3
4	4	4	4	4
5	5	5	5	5
6	6	6	6	6
7	7	7	7	7
8	8	8	8	8
9	9	9	9	9

what's on **tonight?**

this week's **menu**

wellness goals

Sat 29

- 9am
- 10
- 11
- 12pm
- 1
- 2
- 3
- 4
- 5
- 6
- 7
- 8
- 9

Sun 30

- 9am
- 10
- 11
- 12pm
- 1
- 2
- 3
- 4
- 5
- 6
- 7
- 8
- 9

TO DO LIST

plan.organise.prioritise.

don't forget...

'Our bodies are naturally *whole and alive*'
Sue Adstrum PhD – author of *The Living Wetsuit*

February

'If you don't do the work, somebody else gets the muscles.'
Dave Stokes
www.author2audio.com.au

Mon	Tue	Wed	Thu	Fri	Sat	Sun
31	1	2	3	4	5	6
7	8	9	10	11	12	13
14 Royal Hobart Regatta (Tas) happy Valenine's Day	15	16	17	18	19	20
21	22	23	24	25	26	27
28						

This month's game changer...
A new goal/habit/challenge

" "

| ✓ | 2 | 3 | 4 | 5 | 6 | 7 | 8 | 9 | 10 | 11 | 12 | 13 | 14 | 15 | 16 | 17 | 18 | 19 | 20 | 21 | 22 | 23 | 24 | 25 | 26 | 27 | 28 |

Jan 31- Feb 6 week 6

Mon 31

9am
10
11
12pm
1
2
3
4
5
6
7
8
9

Tue 1

9am
10
11
12pm
1
2
3
4
5
6
7
8
9

Wed 2

9am
10
11
12pm
1
2
3
4
5
6
7
8
9

Thu 3

9am
10
11
12pm
1
2
3
4
5
6
7
8
9

Fri 4

9am
10
11
12pm
1
2
3
4
5
6
7
8
9

what's on tonight?

this week's menu

wellness goals

Sat 5

9am
10
11
12pm
1
2
3
4
5
6
7
8
9

Sun 6

9am
10
11
12pm
1
2
3
4
5
6
7
8
9

TO DO LIST

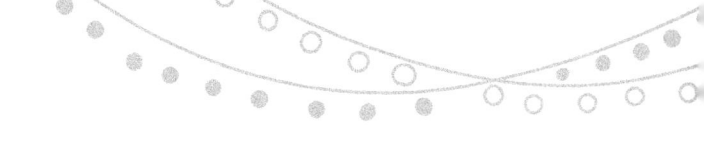

plan.organise.prioritise.

don't forget...

Feb 7-13 week 7

Mon 7

9am
10
11
12pm
1
2
3
4
5
6
7
8
9

Tue 8

9am
10
11
12pm
1
2
3
4
5
6
7
8
9

Wed 9

9am
10
11
12pm
1
2
3
4
5
6
7
8
9

Thu 10

9am
10
11
12pm
1
2
3
4
5
6
7
8
9

Fri 11

9am
10
11
12pm
1
2
3
4
5
6
7
8
9

what's on tonight?

this week's menu

wellness goals

Sat 12

- 9am
- 10
- 11
- 12pm
- 1
- 2
- 3
- 4
- 5
- 6
- 7
- 8
- 9

Sun 13

- 9am
- 10
- 11
- 12pm
- 1
- 2
- 3
- 4
- 5
- 6
- 7
- 8
- 9

TO DO LIST

plan.organise.prioritise.

don't forget...

Feb 14-20 *week 8*

Mon 14
Valentine's Day
Royal Hobart Regatta (Tas)

9am

10

11

12pm

1

2

3

4

5

6

7

8

9

Tue 15

9am

10

11

12pm

1

2

3

4

5

6

7

8

9

Wed 16

9am

10

11

12pm

1

2

3

4

5

6

7

8

9

Thu 17

9am

10

11

12pm

1

2

3

4

5

6

7

8

9

Fri 18

9am

10

11

12pm

1

2

3

4

5

6

7

8

9

what's on tonight?

this week's **menu**

wellness goals

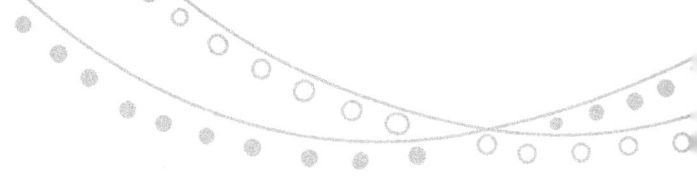

Sat 19

9am
10
11
12pm
1
2
3
4
5
6
7
8
9

Sun 20

9am
10
11
12pm
1
2
3
4
5
6
7
8
9

TO DO LIST

plan.organise.prioritise.

don't forget...

Feb 21-27 *week 9*

Mon 21	Tue 22	Wed 23	Thu 24	Fri 25
9am	9am	9am	9am	9am
10	10	10	10	10
11	11	11	11	11
12pm	12pm	12pm	12pm	12pm
1	1	1	1	1
2	2	2	2	2
3	3	3	3	3
4	4	4	4	4
5	5	5	5	5
6	6	6	6	6
7	7	7	7	7
8	8	8	8	8
9	9	9	9	9

what's on tonight?

this week's *menu*

wellness goals

Sat 26

- 9am
- 10
- 11
- 12pm
- 1
- 2
- 3
- 4
- 5
- 6
- 7
- 8
- 9

Sun 27

- 9am
- 10
- 11
- 12pm
- 1
- 2
- 3
- 4
- 5
- 6
- 7
- 8
- 9

TO DO LIST

plan.organise.prioritise.

don't forget…

'Memorise your message.'
Diana Thomson

March

> 'I don't know a woman alive who isn't courageous.'
> **Reese Witherspoon**

Mon	Tue	Wed	Thu	Fri	Sat	Sun
28	1	2	3	4	5	6
7 — Labour Day (WA)	8 — International Women's Day	9	10	11	12	13
14 — Labour Day (Vic) Eight Hours Day (Tas) Adelaide Cup (SA) Canberra Day (ACT)	15	16	17 — St. Patrick's Day	18	19	20
21	22	23	24	25	26	27
28	29	30	31	1	2	3

This month's game changer...
A new goal/habit/challenge

✓ | 2 | 3 | 4 | 5 | 6 | 7 | 8 | 9 | 10 | 11 | 12 | 13 | 14 | 15 | 16 | 17 | 18 | 19 | 20 | 21 | 22 | 23 | 24 | 25 | 26 | 27 | 28 | 29 | 30 | 31

Feb 28-Mar 6 week 10

Mon 28	Tue 1	Wed 2	Thu 3	Fri 4
9am	9am	9am	9am	9am
10	10	10	10	10
11	11	11	11	11
12pm	12pm	12pm	12pm	12pm
1	1	1	1	1
2	2	2	2	2
3	3	3	3	3
4	4	4	4	4
5	5	5	5	5
6	6	6	6	6
7	7	7	7	7
8	8	8	8	8
9	9	9	9	9

what's on tonight?

this week's **menu**

wellness goals

Sat 5

- 9am
- 10
- 11
- 12pm
- 1
- 2
- 3
- 4
- 5
- 6
- 7
- 8
- 9

Sun 6

- 9am
- 10
- 11
- 12pm
- 1
- 2
- 3
- 4
- 5
- 6
- 7
- 8
- 9

TO DO LIST

plan.organise.prioritise.

don't forget...

Mar 7-13 *week 11*

Mon 7
Labour Day (WA)

9am

10

11

12pm

1

2

3

4

5

6

7

8

9

Tue 8

9am

10

11

12pm

1

2

3

4

5

6

7

8

9

Wed 9

9am

10

11

12pm

1

2

3

4

5

6

7

8

9

Thu 10

9am

10

11

12pm

1

2

3

4

5

6

7

8

9

Fri 11

9am

10

11

12pm

1

2

3

4

5

6

7

8

9

what's on tonight?

this week's **menu**

wellness goals

Sat 12

- 9am
- 10
- 11
- 12pm
- 1
- 2
- 3
- 4
- 5
- 6
- 7
- 8
- 9

Sun 13

- 9am
- 10
- 11
- 12pm
- 1
- 2
- 3
- 4
- 5
- 6
- 7
- 8
- 9

TO DO LIST

plan.organise.prioritise.

don't forget...

Mar 14-20 *week 12*

Mon 14	Tue 15	Wed 16	Thu 17	Fri 18
Labour Day (Vic) Eight Hours Day (Tas) Adelaide Cup (SA) Canberra Day (ACT)		St. Patrick's Day		
9am	9am	9am	9am	9am
10	10	10	10	10
11	11	11	11	11
12pm	12pm	12pm	12pm	12pm
1	1	1	1	1
2	2	2	2	2
3	3	3	3	3
4	4	4	4	4
5	5	5	5	5
6	6	6	6	6
7	7	7	7	7
8	8	8	8	8
9	9	9	9	9

what's on tonight?

this week's **menu**

wellness goals

Sat 19

- 9am
- 10
- 11
- 12pm
- 1
- 2
- 3
- 4
- 5
- 6
- 7
- 8
- 9

Sun 20

- 9am
- 10
- 11
- 12pm
- 1
- 2
- 3
- 4
- 5
- 6
- 7
- 8
- 9

TO DO LIST

don't forget...

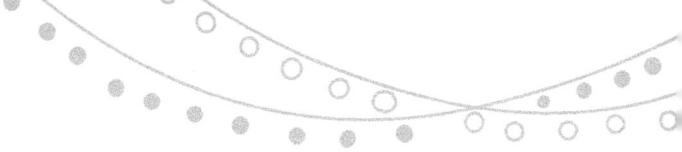

plan.organise.prioritise.

Mar 21-27 week 13

Mon 21	Tue 22	Wed 23	Thu 24	Fri 25
9am	9am	9am	9am	9am
10	10	10	10	10
11	11	11	11	11
12pm	12pm	12pm	12pm	12pm
1	1	1	1	1
2	2	2	2	2
3	3	3	3	3
4	4	4	4	4
5	5	5	5	5
6	6	6	6	6
7	7	7	7	7
8	8	8	8	8
9	9	9	9	9

what's on tonight?

this week's **menu**

wellness goals

Sat 26

9am
10
11
12pm
1
2
3
4
5
6
7
8
9

Sun 27

9am
10
11
12pm
1
2
3
4
5
6
7
8
9

TO DO LIST

don't forget...

plan.organise.prioritise.

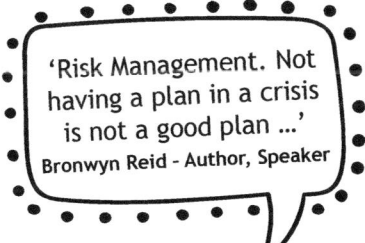

'Risk Management. Not having a plan in a crisis is not a good plan ...'
Bronwyn Reid - Author, Speaker

April

> 'Normal is a cycle on a washing machine.'
> Ann Dettori Wilson

Mon	Tue	Wed	Thu	Fri	Sat	Sun
28	29	30	31	1 *April Fool's Day*	2	3 Daylight savings ends
4	5	6	7	8	9	10
11	12	13	14	15 Good Friday	16 Easter Saturday	17 Easter Sunday
18 Easter Monday	19 Easter Tuesday (Tas)	20	21	22	23	24
25 ANZAC Day	26	27	28	29	30	1

This month's game changer...
A new goal/habit/challenge

"

"

✓ | 2 | 3 | 4 | 5 | 6 | 7 | 8 | 9 | 10 | 11 | 12 | 13 | 14 | 15 | 16 | 17 | 18 | 19 | 20 | 21 | 22 | 23 | 24 | 25 | 26 | 27 | 28 | 29 | 30

Mar 28-Apr 3 *week 14*

Mon 28	Tue 29	Wed 30	Thu 31	Fri 1 Apr April Fool's Day
9am	9am	9am	9am	9am
10	10	10	10	10
11	11	11	11	11
12pm	12pm	12pm	12pm	12pm
1	1	1	1	1
2	2	2	2	2
3	3	3	3	3
4	4	4	4	4
5	5	5	5	5
6	6	6	6	6
7	7	7	7	7
8	8	8	8	8
9	9	9	9	9

what's on **tonight?**

this week's **menu**

wellness goals

Sat 2

- 9am
- 10
- 11
- 12pm
- 1
- 2
- 3
- 4
- 5
- 6
- 7
- 8
- 9

Sun 3 — Daylight Savings Ends

- 9am
- 10
- 11
- 12pm
- 1
- 2
- 3
- 4
- 5
- 6
- 7
- 8
- 9

TO DO LIST

plan.organise.prioritise.

don't forget...

Apr 4-10 week 15

Mon 4

9am
10
11
12pm
1
2
3
4
5
6
7
8
9

Tue 5

9am
10
11
12pm
1
2
3
4
5
6
7
8
9

Wed 6

9am
10
11
12pm
1
2
3
4
5
6
7
8
9

Thu 7

9am
10
11
12pm
1
2
3
4
5
6
7
8
9

Fri 8

9am
10
11
12pm
1
2
3
4
5
6
7
8
9

what's on tonight?

this week's menu

wellness goals

Sat 9

- 9am
- 10
- 11
- 12pm
- 1
- 2
- 3
- 4
- 5
- 6
- 7
- 8
- 9

Sun 10

- 9am
- 10
- 11
- 12pm
- 1
- 2
- 3
- 4
- 5
- 6
- 7
- 8
- 9

TO DO LIST

plan.organise.prioritise.

don't forget...

Apr 11-17 *week 16*

Mon 11	Tue 12	Wed 13	Thu 14	Fri 15 *Good Friday*
9am	9am	9am	9am	9am
10	10	10	10	10
11	11	11	11	11
12pm	12pm	12pm	12pm	12pm
1	1	1	1	1
2	2	2	2	2
3	3	3	3	3
4	4	4	4	4
5	5	5	5	5
6	6	6	6	6
7	7	7	7	7
8	8	8	8	8
9	9	9	9	9

what's on tonight?

this week's **menu**

wellness goals

Sat 16 — Easter Saturday

- 9am
- 10
- 11
- 12pm
- 1
- 2
- 3
- 4
- 5
- 6
- 7
- 8
- 9

Sun 17 — Easter Sunday

- 9am
- 10
- 11
- 12pm
- 1
- 2
- 3
- 4
- 5
- 6
- 7
- 8
- 9

TO DO LIST

plan.organise.prioritise.

don't forget...

Apr 18-24 *week 17*

Mon 18 — Easter Monday

9am
10
11
12pm
1
2
3
4
5
6
7
8
9

Tue 19 — Easter Tuesday (Tas)

9am
10
11
12pm
1
2
3
4
5
6
7
8
9

Wed 20

9am
10
11
12pm
1
2
3
4
5
6
7
8
9

Thu 21

9am
10
11
12pm
1
2
3
4
5
6
7
8
9

Fri 22

9am
10
11
12pm
1
2
3
4
5
6
7
8
9

what's on tonight?

this week's **menu**

wellness goals

Sat 23

9am
10
11
12pm
1
2
3
4
5
6
7
8
9

Sun 24

9am
10
11
12pm
1
2
3
4
5
6
7
8
9

TO DO LIST

don't forget...

plan.organise.prioritise.

'The struggle makes you strong.'
Karen Tui Boyes – Award winning speaker, educator, and passionate advocate for Life Long Learning

May

Mon	Tue	Wed	Thu	Fri	Sat	Sun
25	26	27	28	29	30	1
2 May Day (NT)	3 Labour Day (Qld)	4	5	6	7	8 Mother's Day
9	10	11	12	13	14	15
16	17	18	19	20	21	22
23	24	25	26	27	28	29
30 Reconciliation Day (ACT)	31	1	2	3	4	5

'Only I can change my life. No one can do it for me.'
Carol Burnett

This month's game changer...
A new goal/habit/challenge

" "

✓ | 2 | 3 | 4 | 5 | 6 | 7 | 8 | 9 | 10 | 11 | 12 | 13 | 14 | 15 | 16 | 17 | 18 | 19 | 20 | 21 | 22 | 23 | 24 | 25 | 26 | 27 | 28 | 29 | 30 | 31

Apr 25-May 1 *week 18*

Mon 25 — ANZAC Day	Tue 26	Wed 27	Thu 28	Fri 29
9am	9am	9am	9am	9am
10	10	10	10	10
11	11	11	11	11
12pm	12pm	12pm	12pm	12pm
1	1	1	1	1
2	2	2	2	2
3	3	3	3	3
4	4	4	4	4
5	5	5	5	5
6	6	6	6	6
7	7	7	7	7
8	8	8	8	8
9	9	9	9	9

what's on tonight?

this week's menu

wellness goals

Sat 30

9am
10
11
12pm
1
2
3
4
5
6
7
8
9

Sun 1 May

9am
10
11
12pm
1
2
3
4
5
6
7
8
9

TO DO LIST

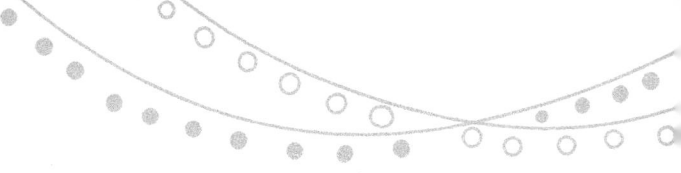

plan.organise.prioritise.

don't forget...

May 2-8 *week 19*

Mon 2	Labour Day (Qld) May Day (NT)	Tue 3	Wed 4	Thu 5	Fri 6
9am		9am	9am	9am	9am
10		10	10	10	10
11		11	11	11	11
12pm		12pm	12pm	12pm	12pm
1		1	1	1	1
2		2	2	2	2
3		3	3	3	3
4		4	4	4	4
5		5	5	5	5
6		6	6	6	6
7		7	7	7	7
8		8	8	8	8
9		9	9	9	9

what's on **tonight?**

this week's **menu**

wellness goals

Sat 7

- 9am
- 10
- 11
- 12pm
- 1
- 2
- 3
- 4
- 5
- 6
- 7
- 8
- 9

Sun 9

Mother's Day

- 9am
- 10
- 11
- 12pm
- 1
- 2
- 3
- 4
- 5
- 6
- 7
- 8
- 9

TO DO LIST

plan.organise.prioritise.

don't forget...

May 9-15 *week 20*

Mon 9	Tue 10	Wed 11	Thu 12	Fri 13
9am	9am	9am	9am	9am
10	10	10	10	10
11	11	11	11	11
12pm	12pm	12pm	12pm	12pm
1	1	1	1	1
2	2	2	2	2
3	3	3	3	3
4	4	4	4	4
5	5	5	5	5
6	6	6	6	6
7	7	7	7	7
8	8	8	8	8
9	9	9	9	9

what's on tonight?

this week's menu

wellness goals

Sat 14

9am
10
11
12pm
1
2
3
4
5
6
7
8
9

Sun 15

9am
10
11
12pm
1
2
3
4
5
6
7
8
9

TO DO LIST

plan.organise.prioritise.

don't forget...

May 16–22 week 21

Mon 16

9am

10

11

12pm

1

2

3

4

5

6

7

8

9

Tue 17

9am

10

11

12pm

1

2

3

4

5

6

7

8

9

Wed 18

9am

10

11

12pm

1

2

3

4

5

6

7

8

9

Thu 19

9am

10

11

12pm

1

2

3

4

5

6

7

8

9

Fri 20

9am

10

11

12pm

1

2

3

4

5

6

7

8

9

what's on tonight?

this week's menu

wellness goals

Sat 21

9am
10
11
12pm
1
2
3
4
5
6
7
8
9

Sun 22

9am
10
11
12pm
1
2
3
4
5
6
7
8
9

TO DO LIST

plan.organise.prioritise.

don't forget...

May 23-29 *week 22*

Mon 23	Tue 24	Wed 25	Thu 26	Fri 27
9am	9am	9am	9am	9am
10	10	10	10	10
11	11	11	11	11
12pm	12pm	12pm	12pm	12pm
1	1	1	1	1
2	2	2	2	2
3	3	3	3	3
4	4	4	4	4
5	5	5	5	5
6	6	6	6	6
7	7	7	7	7
8	8	8	8	8
9	9	9	9	9

what's on **tonight?**

this week's **menu**

wellness goals

Sat 28

- 9am
- 10
- 11
- 12pm
- 1
- 2
- 3
- 4
- 5
- 6
- 7
- 8
- 9

Sun 29

- 9am
- 10
- 11
- 12pm
- 1
- 2
- 3
- 4
- 5
- 6
- 7
- 8
- 9

TO DO LIST

plan.organise.prioritise.

'Your Branding helps your marketing to make your advertising far more effective – in that order.'
Dixie Carlton - The Word Witch, Author, and Speaker

June

> 'Be kind whenever possible. It is always possible.'
> **Dalai Lama**

Mon	Tue	Wed	Thu	Fri	Sat	Sun
30 Reconciliation Day (ACT)	31	1	2	3	4	5
6 Western Australia Day (WA) Queensland Day (Qld)	7	8	9	10	11	12
13 Queen's Birthday (ex WA, Qld)	14	15	16	17	18	19
20	21 *Winter Solstice*	22	23	24	25	25
27	28	29	30	1	2	3

End of Financial year

This month's game changer...
A new goal/habit/challenge

" "

✓ | 2 | 3 | 4 | 5 | 6 | 7 | 8 | 9 | 10 | 11 | 12 | 13 | 14 | 15 | 16 | 17 | 18 | 19 | 20 | 21 | 22 | 23 | 24 | 25 | 26 | 27 | 28 | 29 | 30

May 30–Jun 5 week 23

Mon 30   Reconciliation Day (ACT)

9am

10

11

12pm

1

2

3

4

5

6

7

8

9

Tue 31

9am

10

11

12pm

1

2

3

4

5

6

7

8

9

Wed 1 Jun

9am

10

11

12pm

1

2

3

4

5

6

7

8

9

Thu 2

9am

10

11

12pm

1

2

3

4

5

6

7

8

9

Fri 3

9am

10

11

12pm

1

2

3

4

5

6

7

8

9

what's on tonight?

this week's *menu*

wellness goals

Sat 4

- 9am
- 10
- 11
- 12pm
- 1
- 2
- 3
- 4
- 5
- 6
- 7
- 8
- 9

Sun 5

- 9am
- 10
- 11
- 12pm
- 1
- 2
- 3
- 4
- 5
- 6
- 7
- 8
- 9

TO DO LIST

don't forget...

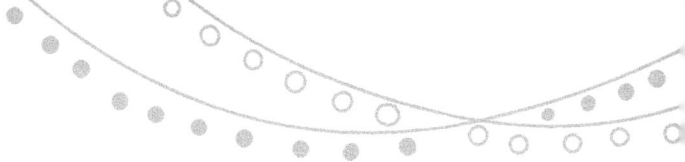

plan.organise.prioritise.

Jun 6-12 *week 24*

Mon 6
Queensland Day (Qld)
Western Australia Day (WA)

9am

10

11

12pm

1

2

3

4

5

6

7

8

9

Tue 7

9am

10

11

12pm

1

2

3

4

5

6

7

8

9

Wed 8

9am

10

11

12pm

1

2

3

4

5

6

7

8

9

Thu 9

9am

10

11

12pm

1

2

3

4

5

6

7

8

9

Fri 10

9am

10

11

12pm

1

2

3

4

5

6

7

8

9

what's on tonight?

this week's **menu**

wellness goals

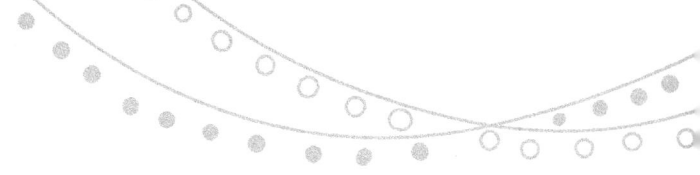

Sat 11

- 9am
- 10
- 11
- 12pm
- 1
- 2
- 3
- 4
- 5
- 6
- 7
- 8
- 9

Sun 12

- 9am
- 10
- 11
- 12pm
- 1
- 2
- 3
- 4
- 5
- 6
- 7
- 8
- 9

TO DO LIST

plan.organise.prioritise.

don't forget...

Jun 13-19 *week 25*

Mon 13	Queen's Birthday (ex WA, Qld)	Tue 14	Wed 15	Thu 16	Fri 17
9am		9am	9am	9am	9am
10		10	10	10	10
11		11	11	11	11
12pm		12pm	12pm	12pm	12pm
1		1	1	1	1
2		2	2	2	2
3		3	3	3	3
4		4	4	4	4
5		5	5	5	5
6		6	6	6	6
7		7	7	7	7
8		8	8	8	8
9		9	9	9	9

what's on tonight?

this week's *menu*

wellness goals

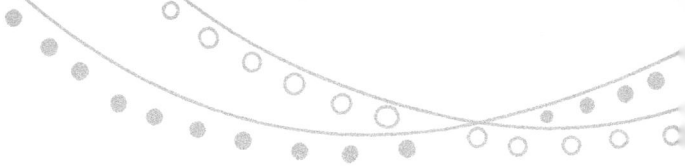

Sat 18

- 9am
- 10
- 11
- 12pm
- 1
- 2
- 3
- 4
- 5
- 6
- 7
- 8
- 9

Sun 19

- 9am
- 10
- 11
- 12pm
- 1
- 2
- 3
- 4
- 5
- 6
- 7
- 8
- 9

TO DO LIST

plan.organise.prioritise.

don't forget...

Jun 20-26 *week 26*

Mon 20	Tue 21	Wed 22	Thu 23	Fri 24
9am	9am	9am	9am	9am
10	10	10	10	10
11	11	11	11	11
12pm	12pm	12pm	12pm	12pm
1	1	1	1	1
2	2	2	2	2
3	3	3	3	3
4	4	4	4	4
5	5	5	5	5
6	6	6	6	6
7	7	7	7	7
8	8	8	8	8
9	9	9	9	9

what's on tonight?

this week's **menu**

wellness goals

Sat 25

- 9am
- 10
- 11
- 12pm
- 1
- 2
- 3
- 4
- 5
- 6
- 7
- 8
- 9

Sun 26

- 9am
- 10
- 11
- 12pm
- 1
- 2
- 3
- 4
- 5
- 6
- 7
- 8
- 9

TO DO LIST

don't forget...

plan.organise.prioritise.

'It's never too late to have a new beginning in life.'
Cat Coluccio

July

'With the new day comes new strength and new thoughts.'
Eleanor Roosevelt

Mon	Tue	Wed	Thu	Fri	Sat	Sun
27	28	29	30	1	2	3
4	5	6	7	8	9	10
11	12	13	14	15	16	17 *World Emoji Day*
18	19	20	21	22	23	24
25	26	27	28	29	30	31

This month's game changer...
A new goal/habit/challenge

""

✓ | 2 | 3 | 4 | 5 | 6 | 7 | 8 | 9 | 10 | 11 | 12 | 13 | 14 | 15 | 16 | 17 | 18 | 19 | 20 | 21 | 22 | 23 | 24 | 25 | 26 | 27 | 28 | 29 | 30 | 31

Jun 27- Jul 3 *week 27*

Mon 27	Tue 28	Wed 29	Thu 30	Fri 1 Jul
9am	9am	9am	9am	9am
10	10	10	10	10
11	11	11	11	11
12pm	12pm	12pm	12pm	12pm
1	1	1	1	1
2	2	2	2	2
3	3	3	3	3
4	4	4	4	4
5	5	5	5	5
6	6	6	6	6
7	7	7	7	7
8	8	8	8	8
9	9	9	9	9

what's on tonight?

this week's menu

wellness goals

Sat 2

- 9am
- 10
- 11
- 12pm
- 1
- 2
- 3
- 4
- 5
- 6
- 7
- 8
- 9

Sun 3

- 9am
- 10
- 11
- 12pm
- 1
- 2
- 3
- 4
- 5
- 6
- 7
- 8
- 9

TO DO LIST

plan.organise.prioritise.

don't forget…

Jul 4-10 week 28

Mon 4	Tue 5	Wed 6	Thu 7	Fri 8
9am	9am	9am	9am	9am
10	10	10	10	10
11	11	11	11	11
12pm	12pm	12pm	12pm	12pm
1	1	1	1	1
2	2	2	2	2
3	3	3	3	3
4	4	4	4	4
5	5	5	5	5
6	6	6	6	6
7	7	7	7	7
8	8	8	8	8
9	9	9	9	9

what's on tonight?

this week's menu

wellness goals

Sat 9

- 9am
- 10
- 11
- 12pm
- 1
- 2
- 3
- 4
- 5
- 6
- 7
- 8
- 9

Sun 10

- 9am
- 10
- 11
- 12pm
- 1
- 2
- 3
- 4
- 5
- 6
- 7
- 8
- 9

TO DO LIST

plan.organise.prioritise.

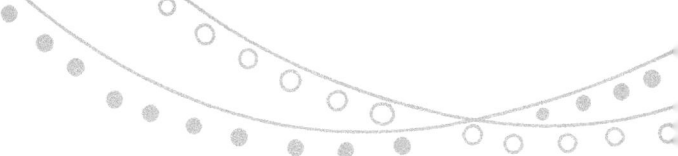

Jul 11-17 *week 29*

Mon 11	Tue 12	Wed 13	Thu 14	Fri 15
9am	9am	9am	9am	9am
10	10	10	10	10
11	11	11	11	11
12pm	12pm	12pm	12pm	12pm
1	1	1	1	1
2	2	2	2	2
3	3	3	3	3
4	4	4	4	4
5	5	5	5	5
6	6	6	6	6
7	7	7	7	7
8	8	8	8	8
9	9	9	9	9

what's on tonight?

this week's **menu**

wellness goals

Sat 16

- 9am
- 10
- 11
- 12pm
- 1
- 2
- 3
- 4
- 5
- 6
- 7
- 8
- 9

Sun 17

- 9am
- 10
- 11
- 12pm
- 1
- 2
- 3
- 4
- 5
- 6
- 7
- 8
- 9

TO DO LIST

plan.organise.prioritise.

don't forget...

Jul 18-24 week 30

this week's menu

wellness goals

Mon 18
- 9am
- 10
- 11
- 12pm
- 1
- 2
- 3
- 4
- 5
- 6
- 7
- 8
- 6

Tue 19
- 9am
- 10
- 11
- 12pm
- 1
- 2
- 3
- 4
- 5
- 6
- 7
- 8
- 6

Wed 20
- 9am
- 10
- 11
- 12pm
- 1
- 2
- 3
- 4
- 5
- 6
- 7
- 8
- 6

Thu 21
- 9am
- 10
- 11
- 12pm
- 1
- 2
- 3
- 4
- 5
- 6
- 7
- 8
- 6

Fri 22
- 9am
- 10
- 11
- 12pm
- 1
- 2
- 3
- 4
- 5
- 6
- 7
- 8
- 6

what's on tonight?

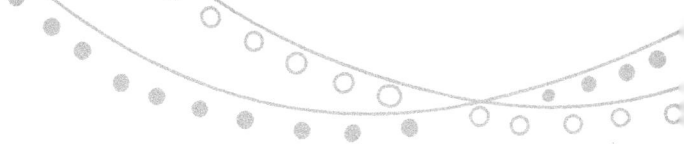

Sat 23

9am
10
11
12pm
1
2
3
4
5
6
7
8
9

Sun 24

9am
10
11
12pm
1
2
3
4
5
6
7
8
9

TO DO LIST

plan.organise.prioritise.

don't forget...

Jul 25-31 *week 31*

Mon 25	Tue 26	Wed 27	Thu 28	Fri 29
9am	9am	9am	9am	9am
10	10	10	10	10
11	11	11	11	11
12pm	12pm	12pm	12pm	12pm
1	1	1	1	1
2	2	2	2	2
3	3	3	3	3
4	4	4	4	4
5	5	5	5	5
6	6	6	6	6
7	7	7	7	7
8	8	8	8	8
9	9	9	9	9

what's on **tonight?**

this week's **menu**

wellness goals

Sat 30

- 9am
- 10
- 11
- 12pm
- 1
- 2
- 3
- 4
- 5
- 6
- 7
- 8
- 9

Sun 31

- 9am
- 10
- 11
- 12pm
- 1
- 2
- 3
- 4
- 5
- 6
- 7
- 8
- 9

TO DO LIST

don't forget...

plan.organise.prioritise.

'There's one leadership quality to rule them all. Don't be an unethical jerk.'
Bronwyn Reid - Author, Speaker

August

'Thinking for while can be a powerful tool. Thinking too long can be procrastination.'
David Stannard, The Vision Guy

Mon	Tue	Wed	Thu	Fri	Sat	Sun
1 NSW Bank Holiday Picnic Day (NT)	**2**	**3**	**4**	**5**	**6**	**7**
8	**9**	**10** Ekka Wednesday) (Brisbane only)	**11**	**12**	**13** *International Left Handers Day*	**14**
15	**16**	**17**	**18**	**19**	**20**	**21**
22	**23**	**24**	**25**	**26** *Dog Appreciation Day*	**27**	**28**
29	**30**	**31**	1	2	3	4

This month's game changer...
A new goal/habit/challenge

" "

1 ✓ | 2 | 3 | 4 | 5 | 6 | 7 | 8 | 9 | 10 | 11 | 12 | 13 | 14 | 15 | 16 | 17 | 18 | 19 | 20 | 21 | 22 | 23 | 24 | 25 | 26 | 27 | 28 | 29 | 30 | 31

Aug 1-7 *week 32*

Mon 1
Picnic Day (NT)
NSW Bank Holiday

9am

10

11

12pm

1

2

3

4

5

6

7

8

9

Tue 2

9am

10

11

12pm

1

2

3

4

5

6

7

8

9

Wed 3

9am

10

11

12pm

1

2

3

4

5

6

7

8

9

Thu 4

9am

10

11

12pm

1

2

3

4

5

6

7

8

9

Fri 5

9am

10

11

12pm

1

2

3

4

5

6

7

8

9

what's on tonight?

this week's **menu**

wellness goals

Sat 6

- 9am
- 10
- 11
- 12pm
- 1
- 2
- 3
- 4
- 5
- 6
- 7
- 8
- 9

Sun 7

- 9am
- 10
- 11
- 12pm
- 1
- 2
- 3
- 4
- 5
- 6
- 7
- 8
- 9

TO DO LIST

plan.organise.prioritise.

don't forget...

Aug 8-14 week 33

Mon 8

9am

10

11

12pm

1

2

3

4

5

6

7

8

9

Tue 9

9am

10

11

12pm

1

2

3

4

5

6

7

8

9

Wed 10

Ekka Wednesday
(Brisbane only)

9am

10

11

12pm

1

2

3

4

5

6

7

8

9

Thu 11

9am

10

11

12pm

1

2

3

4

5

6

7

8

9

Fri 12

9am

10

11

12pm

1

2

3

4

5

6

7

8

9

what's on tonight?

this week's **menu**

wellness goals

Sat 13

- 9am
- 10
- 11
- 12pm
- 1
- 2
- 3
- 4
- 5
- 6
- 7
- 8
- 9

Sun 14

- 9am
- 10
- 11
- 12pm
- 1
- 2
- 3
- 4
- 5
- 6
- 7
- 8
- 9

TO DO LIST

plan.organise.prioritise.

don't forget...

Aug 15-21 week 34

Mon 15	Tue 16	Wed 17	Thu 18	Fri 19
9am	9am	9am	9am	9am
10	10	10	10	10
11	11	11	11	11
12pm	12pm	12pm	12pm	12pm
1	1	1	1	1
2	2	2	2	2
3	3	3	3	3
4	4	4	4	4
5	5	5	5	5
6	6	6	6	6
7	7	7	7	7
8	8	8	8	8
9	9	9	9	9

what's on tonight?

this week's *menu*

wellness goals

Sat 20

9am
10
11
12pm
1
2
3
4
5
6
7
8
9

Sun 21

9am
10
11
12pm
1
2
3
4
5
6
7
8
9

TO DO LIST

plan.organise.prioritise.

Aug 22-28 *week 35*

Mon 22	Tue 23	Wed 24	Thu 25	Fri 26
9am	9am	9am	9am	9am
10	10	10	10	10
11	11	11	11	11
12pm	12pm	12pm	12pm	12pm
1	1	1	1	1
2	2	2	2	2
3	3	3	3	3
4	4	4	4	4
5	5	5	5	5
6	6	6	6	6
7	7	7	7	7
8	8	8	8	8
9	9	9	9	9

what's on tonight?

this week's **menu**

wellness goals

Sat 27

- 9am
- 10
- 11
- 12pm
- 1
- 2
- 3
- 4
- 5
- 6
- 7
- 8
- 9

Sun 28

- 9am
- 10
- 11
- 12pm
- 1
- 2
- 3
- 4
- 5
- 6
- 7
- 8
- 9

TO DO LIST

plan.organise.prioritise.

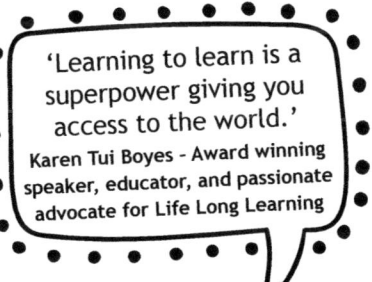

'Learning to learn is a superpower giving you access to the world.'
Karen Tui Boyes - Award winning speaker, educator, and passionate advocate for Life Long Learning

September

Mon	Tue	Wed	Thu	Fri	Sat	Sun
29	30	31	1	2	3	4 Father's Day
5	6	7	8 World Write a Letter Day	9	10	11
12	13	14	15	16	17	18
19 International Talk Like a Pirate Day	20	21	22	23 Friday before AFL Grand Final (Vic)	24	25
26 Queen's Birthday (WA)	27	28 World Gratitude Day	29	30	1	2

'A man told me that for a woman, I was very opinionated. I said, "For a man, you're kind of ignorant.".
Anne Hathaway

This month's game changer...
A new goal/habit/challenge

✓ | 2 | 3 | 4 | 5 | 6 | 7 | 8 | 9 | 10 | 11 | 12 | 13 | 14 | 15 | 16 | 17 | 18 | 19 | 20 | 21 | 22 | 23 | 24 | 25 | 26 | 27 | 28 | 29 | 30

Aug 29-Sep 4 *week 36*

Mon 29	Tue 30	Wed 31	Thu 1 Sep	Fri 2
9am	9am	9am	9am	9am
10	10	10	10	10
11	11	11	11	11
12pm	12pm	12pm	12pm	12pm
1	1	1	1	1
2	2	2	2	2
3	3	3	3	3
4	4	4	4	4
5	5	5	5	5
6	6	6	6	6
7	7	7	7	7
8	8	8	8	8
9	9	9	9	9

what's on **tonight?**

this week's **menu**

wellness goals

Sat 3

9am
10
11
12pm
1
2
3
4
5
6
7
8
9

Sun 4

9am
10
11
12pm
1
2
3
4
5
6
7
8
9

TO DO LIST

plan.organise.prioritise.

don't forget...

Sep 5-11 *week 37*

Mon 5	Tue 6	Wed 7	Thu 8	Fri 9
9am	9am	9am	9am	9am
10	10	10	10	10
11	11	11	11	11
12pm	12pm	12pm	12pm	12pm
1	1	1	1	1
2	2	2	2	2
3	3	3	3	3
4	4	4	4	4
5	5	5	5	5
6	6	6	6	6
7	7	7	7	7
8	8	8	8	8
9	9	9	9	9

what's on tonight?

this week's **menu**

wellness goals

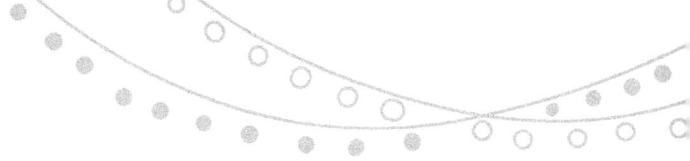

Sat 10

9am
10
11
12pm
1
2
3
4
5
6
7
8
9

Sun 11

9am
10
11
12pm
1
2
3
4
5
6
7
8
9

TO DO LIST

plan.organise.prioritise.

don't forget...

Sep 12-18 week 38

Mon 12 | Tue 13 | Wed 14 | Thu 15 | Fri 16

Mon 12	Tue 13	Wed 14	Thu 15	Fri 16
9am	9am	9am	9am	9am
10	10	10	10	10
11	11	11	11	11
12pm	12pm	12pm	12pm	12pm
1	1	1	1	1
2	2	2	2	2
3	3	3	3	3
4	4	4	4	4
5	5	5	5	5
6	6	6	6	6
7	7	7	7	7
8	8	8	8	8
9	9	9	9	9

what's on tonight?

this week's menu

wellness goals

Sat 17

- 9am
- 10
- 11
- 12pm
- 1
- 2
- 3
- 4
- 5
- 6
- 7
- 8
- 9

Sun 18

- 9am
- 10
- 11
- 12pm
- 1
- 2
- 3
- 4
- 5
- 6
- 7
- 8
- 9

TO DO LIST

plan.organise.prioritise.

don't forget...

Sep 19-25 *week 39*

Mon 19	Tue 20	Wed 21	Thu 22	Fri 23
				Friday before AFL Grand Final (Vic)
9am	9am	9am	9am	9am
10	10	10	10	10
11	11	11	11	11
12pm	12pm	12pm	12pm	12pm
1	1	1	1	1
2	2	2	2	2
3	3	3	3	3
4	4	4	4	4
5	5	5	5	5
6	6	6	6	6
7	7	7	7	7
8	8	8	8	8
9	9	9	9	9

what's on tonight?

this week's **menu**

wellness goals

Sat 24

9am
10
11
12pm
1
2
3
4
5
6
7
8
9

Sun 25

9am
10
11
12pm
1
2
3
4
5
6
7
8
9

TO DO LIST

don't forget...

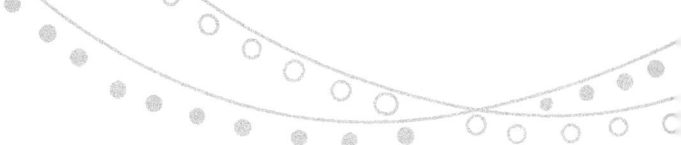

plan.organise.prioritise.

Sep 26–Oct 2 *week 40*

Mon 26	Tue 27	Wed 28	Thu 29	Fri 30
9am	9am	9am	9am	9am
10	10	10	10	10
11	11	11	11	11
12pm	12pm	12pm	12pm	12pm
1	1	1	1	1
2	2	2	2	2
3	3	3	3	3
4	4	4	4	4
5	5	5	5	5
6	6	6	6	6
7	7	7	7	7
8	8	8	8	8
9	9	9	9	9

what's on **tonight?**

this week's **menu**

wellness goals

Sat 1 Oct

- 9am
- 10
- 11
- 12pm
- 1
- 2
- 3
- 4
- 5
- 6
- 7
- 8
- 9

Sun 2

- 9am
- 10
- 11
- 12pm
- 1
- 2
- 3
- 4
- 5
- 6
- 7
- 8
- 9

TO DO LIST

don't forget...

plan.organise.prioritise.

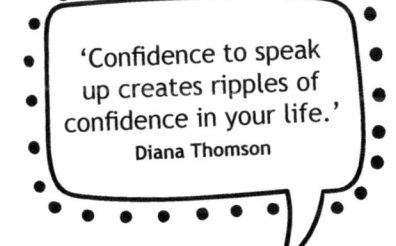

'Confidence to speak up creates ripples of confidence in your life.'
Diana Thomson

Merry Christmas planner

Its just over 12 Weeks until Christmas. Make this year stress free and fun! You know what you need to do...**plan.organise.prioritise.**

Gift list

Name	Gift Idea	Budget	Store	Got it!
				☐

Festive Season plan

Christmas Eve

Christmas Day

Boxing Day

New Year's Eve

★

Menu Planning

Who's bringing what?

My wish list

I WANT

I NEED

I'LL WEAR

I READ

Things I'm into

My favourites

Kris kringle ideas

Teacher gifts...

Decorations
THIS YEAR'S THEME

20 fun Christmas ideas

1. Elf on the shelf
2. Advent calendar
3. Santa photo
4. Make gingerbread men for the tree
5. Make a gingerbread house
6. Write a letter to Santa
7. Watch a Christmas movie
8. Make treats for neighbours
9. Drive around and look at Christmas lights
10. Make and ice sugar cookies
11. Decorate the tree
12. House decorations
13. Take a fun family photo to send out
14. Make Christmas paper
15. Make a snow globe
16. Buy a gift for someone in need
17. Organise a street party
18. Go to Christmas carols
19. Make reindeer food
20. Buy new pyjamas for kids and me

weeks until Christmas....

| 12 | 11 | 10 | 9 | 8 | 7 | 6 | 5 | 4 | 3 | 2 | 1 |

Let's DO this!!

"Then the Grinch thought of something he hadn't before!
What if Christmas, he thought, doesn't come from a store.
What if Christmas...perhaps...means a little bit more!"
Dr. Seuss, How the Grinch Stole Christmas!

October

'Everything we see in life is actually the perspective we choose to view it though'.
Lena Chauhan - Author

Mon	Tue	Wed	Thu	Fri	Sat	Sun
27	28	29	30	1 *World Smile Day*	2	
3 Labour Day (ACT, NSW, SA), Queen's Birthday (Qld)	4	5	6 Royal Launceston Show (Tas)	7	8 *International Coffee Day*	9 *Daylight Saving Time Starts*
10	11	12	13	14	15	16
17	18	19	20 Royal Hobart Show (Tas)	21	22	23
24	25	26	27	28	29	30
31 Halloween						

This month's game changer...
A new goal/habit/challenge

✓ | 2 | 3 | 4 | 5 | 6 | 7 | 8 | 9 | 10 | 11 | 12 | 13 | 14 | 15 | 16 | 17 | 18 | 19 | 20 | 21 | 22 | 23 | 24 | 25 | 26 | 27 | 28 | 29 | 30 | 31

Oct 3-9 *week 41*

Mon 3
Labour Day (ACT, NSW, SA)
Queen's Birthday (Qld)

9am

10

11

12pm

1

2

3

4

5

6

7

8

9

Tue 4

9am

10

11

12pm

1

2

3

4

5

6

7

8

9

Wed 5

9am

10

11

12pm

1

2

3

4

5

6

7

8

9

Thu 6
Royal Launceston
Show (Tas)

9am

10

11

12pm

1

2

3

4

5

6

7

8

9

Fri 7

9am

10

11

12pm

1

2

3

4

5

6

7

8

9

what's on tonight?

this week's **menu**

wellness goals

Sat 8

9am
10
11
12pm
1
2
3
4
5
6
7
8
9

Sun 9

9am
10
11
12pm
1
2
3
4
5
6
7
8
9

TO DO LIST

plan.organise.prioritise.

don't forget...

Oct 10-16 week 42

Mon 10	Tue 11	Wed 12	Thu 13	Fri 14
9am	9am	9am	9am	9am
10	10	10	10	10
11	11	11	11	11
12pm	12pm	12pm	12pm	12pm
1	1	1	1	1
2	2	2	2	2
3	3	3	3	3
4	4	4	4	4
5	5	5	5	5
6	6	6	6	6
7	7	7	7	7
8	8	8	8	8
9	9	9	9	9

what's on tonight?

this week's menu

wellness goals

Sat 15

9am
10
11
12pm
1
2
3
4
5
6
7
8
9

Sun 16

9am
10
11
12pm
1
2
3
4
5
6
7
8
9

TO DO LIST

plan.organise.prioritise.

don't forget...

Oct 17-23 *week 43*

Mon 17	Tue 18	Wed 19	Thu 20 Royal Hobart Show (Tas)	Fri 21
9am	9am	9am	9am	9am
10	10	10	10	10
11	11	11	11	11
12pm	12pm	12pm	12pm	12pm
1	1	1	1	1
2	2	2	2	2
3	3	3	3	3
4	4	4	4	4
5	5	5	5	5
6	6	6	6	6
7	7	7	7	7
8	8	8	8	8
9	9	9	9	9

what's on tonight?

this week's **menu**

wellness goals

Sat 22

9am
10
11
12pm
1
2
3
4
5
6
7
8
9

Sun 23

9am
10
11
12pm
1
2
3
4
5
6
7
8
9

TO DO LIST

plan.organise.prioritise.

don't forget...

Oct 24-30 week 44

Mon 24	Tue 25	Wed 26	Thu 27	Fri 28
9am	9am	9am	9am	9am
10	10	10	10	10
11	11	11	11	11
12pm	12pm	12pm	12pm	12pm
1	1	1	1	1
2	2	2	2	2
3	3	3	3	3
4	4	4	4	4
5	5	5	5	5
6	6	6	6	6
7	7	7	7	7
8	8	8	8	8
9	9	9	9	9

what's on tonight?

this week's menu

wellness goals

Sat 29

- 9am
- 10
- 11
- 12pm
- 1
- 2
- 3
- 4
- 5
- 6
- 7
- 8
- 9

Sun 30

- 9am
- 10
- 11
- 12pm
- 1
- 2
- 3
- 4
- 5
- 6
- 7
- 8
- 9

TO DO LIST

don't forget...

plan.organise.prioritise.

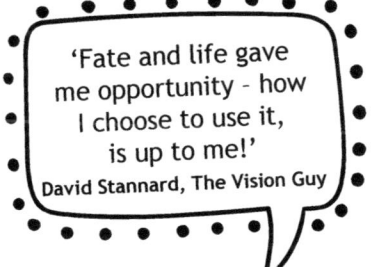

'Fate and life gave me opportunity – how I choose to use it, is up to me!'
David Stannard, The Vision Guy

November

Mon	Tue	Wed	Thu	Fri	Sat	Sun
31	1 Melbourne Cup Day (Vic)	2	3	4	5	6
7 Recreation Day (Tas)	8	9	10	11 Men Make Dinner Day	12	13
14	15	16	17	18 Remembrance Day	19	20 World Kindness Day
21	22	23	24	25	26	27
28	29	30	1	2	3	4

'If life gives you lemons, don't settle for simply making lemonade – make a glorious scene at a lemonade stand.'
Elizabeth Gilbert

This month's game changer...
A new goal/habit/challenge

""

✓ | 2 | 3 | 4 | 5 | 6 | 7 | 8 | 9 | 10 | 11 | 12 | 13 | 14 | 15 | 16 | 17 | 18 | 19 | 20 | 21 | 22 | 23 | 24 | 25 | 26 | 27 | 28 | 29 | 30

Oct 31 - Nov 6 week 45

this week's menu

wellness goals

	Mon 31	Tue 1 Nov Melbourne Cup (Vic)	Wed 2	Thu 3	Fri 4
9am					
10					
11					
12pm					
1					
2					
3					
4					
5					
6					
7					
8					
9					

what's on tonight?

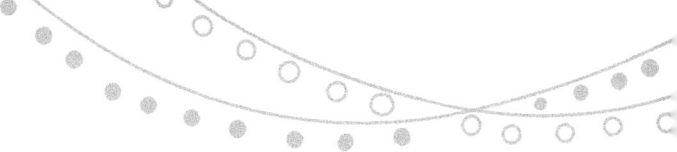

Sat 5

- 9am
- 10
- 11
- 12pm
- 1
- 2
- 3
- 4
- 5
- 6
- 7
- 8
- 9

Sun 6

- 9am
- 10
- 11
- 12pm
- 1
- 2
- 3
- 4
- 5
- 6
- 7
- 8
- 9

TO DO LIST

plan.organise.prioritise.

don't forget...

Nov 7-13 week 46

this week's menu

wellness goals

Mon 7
Tue 8 — Recreation Day (Tas)
Wed 9
Thu 10
Fri 11

9am	9am	9am	9am	9am
10	10	10	10	10
11	11	11	11	11
12pm	12pm	12pm	12pm	12pm
1	1	1	1	1
2	2	2	2	2
3	3	3	3	3
4	4	4	4	4
5	5	5	5	5
6	6	6	6	6
7	7	7	7	7
8	8	8	8	8
9	9	9	9	9

what's on tonight?

Sat 12

- 9am
- 10
- 11
- 12pm
- 1
- 2
- 3
- 4
- 5
- 6
- 7
- 8
- 9

Sun 13

- 9am
- 10
- 11
- 12pm
- 1
- 2
- 3
- 4
- 5
- 6
- 7
- 8
- 9

TO DO LIST

plan.organise.prioritise.

don't forget...

Nov 14-20 week 47

Mon 14

| 9am |
| 10 |
| 11 |
| 12pm |
| 1 |
| 2 |
| 3 |
| 4 |
| 5 |
| 6 |
| 7 |
| 8 |
| 9 |

Tue 15

| 9am |
| 10 |
| 11 |
| 12pm |
| 1 |
| 2 |
| 3 |
| 4 |
| 5 |
| 6 |
| 7 |
| 8 |
| 9 |

Wed 16

| 9am |
| 10 |
| 11 |
| 12pm |
| 1 |
| 2 |
| 3 |
| 4 |
| 5 |
| 6 |
| 7 |
| 8 |
| 9 |

Thu 17

| 9am |
| 10 |
| 11 |
| 12pm |
| 1 |
| 2 |
| 3 |
| 4 |
| 5 |
| 6 |
| 7 |
| 8 |
| 9 |

Fri 18

| 9am |
| 10 |
| 11 |
| 12pm |
| 1 |
| 2 |
| 3 |
| 4 |
| 5 |
| 6 |
| 7 |
| 8 |
| 9 |

what's on tonight?

this week's menu

wellness goals

Sat 19 — International Men's Day

- 9am
- 10
- 11
- 12pm
- 1
- 2
- 3
- 4
- 5
- 6
- 7
- 8
- 9

Sun 20

- 9am
- 10
- 11
- 12pm
- 1
- 2
- 3
- 4
- 5
- 6
- 7
- 8
- 9

TO DO LIST

plan.organise.prioritise.

don't forget…

Nov 21-27 week 48

Mon 21 | Tue 22 | Wed 23 | Thu 24 | Fri 25

Mon 21	Tue 22	Wed 23	Thu 24	Fri 25
9am	9am	9am	9am	9am
10	10	10	10	10
11	11	11	11	11
12pm	12pm	12pm	12pm	12pm
1	1	1	1	1
2	2	2	2	2
3	3	3	3	3
4	4	4	4	4
5	5	5	5	5
6	6	6	6	6
7	7	7	7	7
8	8	8	8	8
9	9	9	9	9

what's on tonight?

this week's menu

wellness goals

Sat 26

- 9am
- 10
- 11
- 12pm
- 1
- 2
- 3
- 4
- 5
- 6
- 7
- 8
- 9

Sun 27

- 9am
- 10
- 11
- 12pm
- 1
- 2
- 3
- 4
- 5
- 6
- 7
- 8
- 9

TO DO LIST

don't forget...

plan.organise.prioritise.

'Quality content creation is now just a cost of being in business'
Adam Houlihan - founder of Prominence Global

December

> 'Being number one is not a selfish act. It is an act of love and necessary.'
> Mary Mangos, Psychiatrist, author of *Finding Your Well-BEing*

Mon	Tue	Wed	Thu	Fri	Sat	Sun
28	29	30	1	2	3	4
					Make a Gift Day	
5	6	7	8	9	10	11
Day of the Ninja				*Christmas Card Day*		
12	13	14	15	16	17	18
Gingerbread House Day						
19	20	21	22	23	24 Christmas Eve	25 Christmas Day
26 Boxing Day	27 Proclamation Day (SA) Christmas Day Holiday	28 Proclamation Day Holiday (SA)	29	30	31 New Year's Eve	1

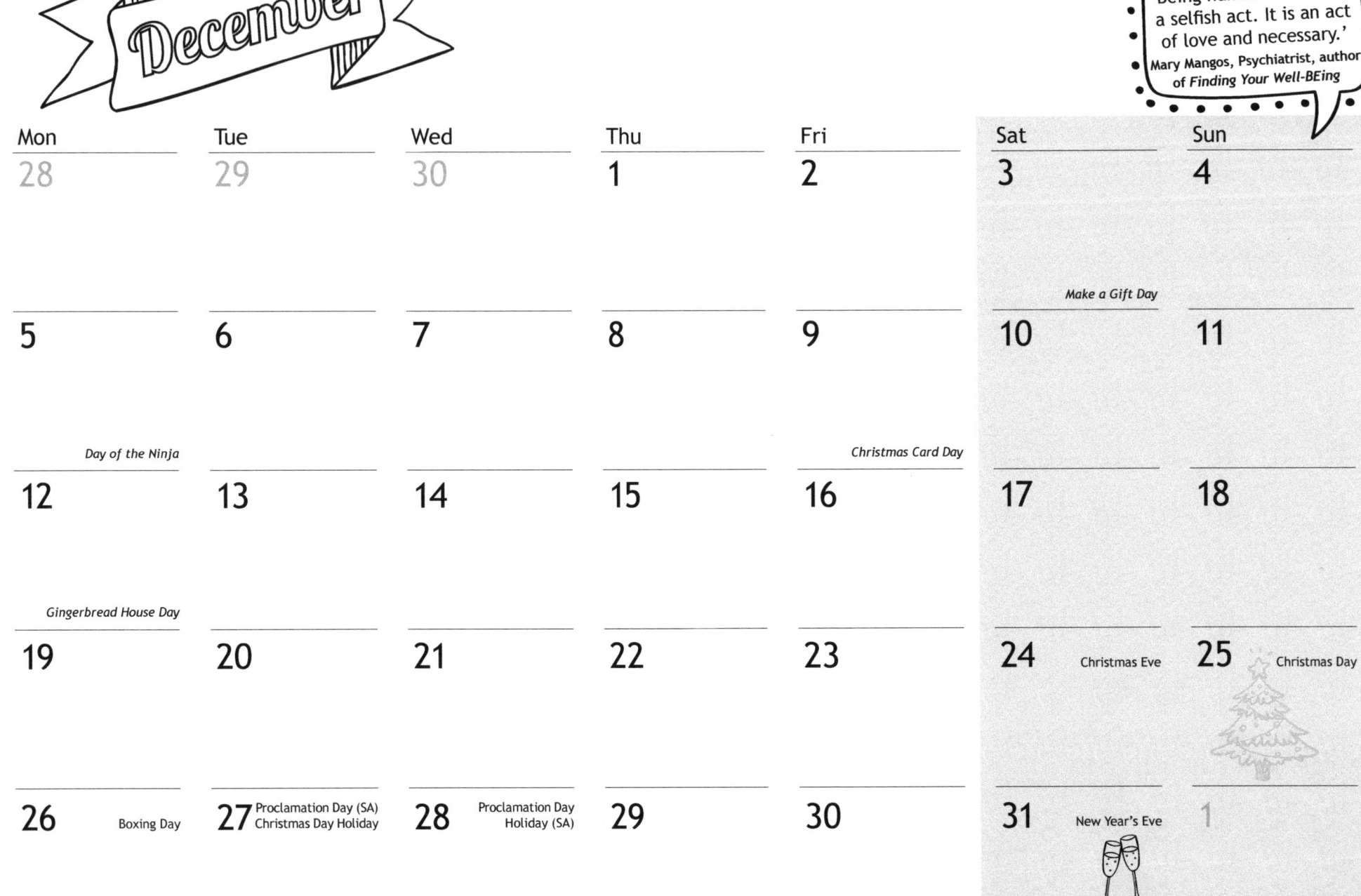

This month's game changer...
A new goal/habit/challenge

" "

✓ | 2 | 3 | 4 | 5 | 6 | 7 | 8 | 9 | 10 | 11 | 12 | 13 | 14 | 15 | 16 | 17 | 18 | 19 | 20 | 21 | 22 | 23 | 24 | 25 | 26 | 27 | 28 | 29 | 30 | 31

Nov 28-Dec 4 *week 49*

Mon 28	Tue 29	Wed 30	Thu 1 Dec	Fri 2
9am	9am	9am	9am	9am
10	10	10	10	10
11	11	11	11	11
12pm	12pm	12pm	12pm	12pm
1	1	1	1	1
2	2	2	2	2
3	3	3	3	3
4	4	4	4	4
5	5	5	5	5
6	6	6	6	6
7	7	7	7	7
8	8	8	8	8
9	9	9	9	9

what's on tonight?

this week's *menu*

wellness goals

Sat 3

- 9am
- 10
- 11
- 12pm
- 1
- 2
- 3
- 4
- 5
- 6
- 7
- 8
- 9

Sun 4

- 9am
- 10
- 11
- 12pm
- 1
- 2
- 3
- 4
- 5
- 6
- 7
- 8
- 9

TO DO LIST

plan.organise.prioritise.

don't forget...

Dec 5-11 *week 50*

Mon 5	Tue 6	Wed 7	Thu 8	Fri 9
9am	9am	9am	9am	9am
10	10	10	10	10
11	11	11	11	11
12pm	12pm	12pm	12pm	12pm
1	1	1	1	1
2	2	2	2	2
3	3	3	3	3
4	4	4	4	4
5	5	5	5	5
6	6	6	6	6
7	7	7	7	7
8	8	8	8	8
9	9	9	9	9

what's on tonight?

this week's **menu**

wellness goals

Sat 10

- 9am
- 10
- 11
- 12pm
- 1
- 2
- 3
- 4
- 5
- 6
- 7
- 8
- 9

Sun 11

- 9am
- 10
- 11
- 12pm
- 1
- 2
- 3
- 4
- 5
- 6
- 7
- 8
- 9

TO DO LIST

plan.organise.prioritise.

don't forget...

Dec 12-18 *week 51*

Mon 12	Tue 13	Wed 14	Thu 15	Fri 16
9am	9am	9am	9am	9am
10	10	10	10	10
11	11	11	11	11
12pm	12pm	12pm	12pm	12pm
1	1	1	1	1
2	2	2	2	2
3	3	3	3	3
4	4	4	4	4
5	5	5	5	5
6	6	6	6	6
7	7	7	7	7
8	8	8	8	8
9	9	9	9	9

what's on tonight?

this week's **menu**

wellness goals

Sat 17

- 9am
- 10
- 11
- 12pm
- 1
- 2
- 3
- 4
- 5
- 6
- 7
- 8
- 9

Sun 18

- 9am
- 10
- 11
- 12pm
- 1
- 2
- 3
- 4
- 5
- 6
- 7
- 8
- 9

TO DO LIST

plan.organise.prioritise.

don't forget...

Dec 19-25 *week 52*

Mon 19	Tue 20	Wed 21	Thu 22	Fri 23
9am	9am	9am	9am	9am
10	10	10	10	10
11	11	11	11	11
12pm	12pm	12pm	12pm	12pm
1	1	1	1	1
2	2	2	2	2
3	3	3	3	3
4	4	4	4	4
5	5	5	5	5
6	6	6	6	6
7	7	7	7	7
8	8	8	8	8
9	9	9	9	9

what's on tonight?

this week's **menu**

wellness goals

Sat 24 — Christmas Eve

- 9am
- 10
- 11
- 12pm
- 1
- 2
- 3
- 4
- 5
- 6
- 7
- 8
- 9

Sun 25 — Christmas Day

- 9am
- 10
- 11
- 12pm
- 1
- 2
- 3
- 4
- 5
- 6
- 7
- 8
- 9

TO DO LIST

plan.organise.prioritise.

don't forget...

Dec 26- Jan 1 week 53

Mon 26
Boxing Day

9am
10
11
12pm
1
2
3
4
5
6
7
8
9

Tue 27
Proclamation Day (SA)
Christmas Day Holiday

9am
10
11
12pm
1
2
3
4
5
6
7
8
9

Wed 28
Proclamation Day Holiday (SA)

9am
10
11
12pm
1
2
3
4
5
6
7
8
9

Thu 29

9am
10
11
12pm
1
2
3
4
5
6
7
8
9

Fri 30

9am
10
11
12pm
1
2
3
4
5
6
7
8
9

what's on tonight?

this week's menu

wellness goals

Sat 31 — New Year's Eve

- 9am
- 10
- 11
- 12pm
- 1
- 2
- 3
- 4
- 5
- 6
- 7
- 8
- 9

Sun 1 Jan — New Year's Day

- 9am
- 10
- 11
- 12pm
- 1
- 2
- 3
- 4
- 5
- 6
- 7
- 8
- 9

TO DO LIST

plan.organise.prioritise.

don't forget...

#you've got this!
Dixie + Ann

2023

January	February	March	April	May	June
1 S New Year's Day	1 W	1 W	1 S	1 M	1 T
2 M	2 T	2 T	2 S	2 T	2 F
3 T	3 F	3 F	3 M	3 W	3 S
4 W	4 S	4 S	4 T	4 T	4 S
5 T	5 S	5 S	5 W	5 F	5 M
6 F	6 M	6 M	6 T	6 S	6 T
7 S	7 T	7 T	7 F Good Friday	7 S	7 W
8 S	8 W	8 W	8 S Easter Saturday	8 M	8 T
9 M	9 T	9 T	9 S Easter Sunday	9 T	9 F
10 T	10 F	10 F	10 M Easter Monday	10 W	10 S
11 W	11 S	11 S	11 T	11 T	11 S
12 T	12 S	12 S	12 W	12 F	12 M Queen's Birthday (ex WA, Qld)
13 F	13 M	13 M	13 T	13 S	13 T
14 S	14 T	14 T	14 F	14 S	14 W
15 S	15 W	15 W	15 S	15 M	15 T
16 M	16 T	16 T	16 S	16 T	16 F
17 T	17 F	17 F	17 M	17 W	17 S
18 W	18 S	18 S	18 T	18 T	18 S
19 T	19 S	19 S	19 W	19 F	19 M
20 F	20 M	20 M	20 T	20 S	20 T
21 S	21 T	21 T	21 F	21 S	21 W
22 S	22 W	22 W	22 S	22 M	22 T
23 M	23 T	23 T	23 S	23 T	23 F
24 T	24 F	24 F	24 M	24 W	24 S
25 W	25 S	25 S	25 T Anzac Day	25 T	25 S
26 T Australia Day	26 S	26 S	26 W	26 F	26 M
27 F	27 M	27 M	27 T	27 S	27 T
28 S	28 T	28 T	28 F	28 S	28 W
29 S		29 W	29 S	29 M	29 T
30 M		30 T	30 S	30 T	30 F
31 T		31 F		31 W	

July	August	September	October	November	December
1 S	1 T	1 F	1 S	1 W	1 F
2 S	2 W	2 S	2 M Queen's Birthday (Qld)	2 T	2 S
3 M	3 T	3 S	3 T	3 F	3 S
4 T	4 F	4 M	4 W	4 S	4 M
5 W	5 S	5 T	5 T	5 S	5 T
6 T	6 S	6 W	6 F	6 M	6 W
7 F	7 M	7 T	7 S	7 T	7 T
8 S	8 T	8 F	8 S	8 W	8 F
9 S	9 W	9 S	9 M	9 T	9 S
10 M	10 T	10 S	10 T	10 F	10 S
11 T	11 F	11 M	11 W	11 S	11 M
12 W	12 S	12 T	12 T	12 S	12 T
13 T	13 S	13 W	13 F	13 M	13 W
14 F	14 M	14 T	14 S	14 T	14 T
15 S	15 T	15 F	15 S	15 W	15 F
16 S	16 W	16 S	16 M	16 T	16 S
17 M	17 T	17 S	17 T	17 F	17 S
18 T	18 F	18 M	18 W	18 S	18 M
19 W	19 S	19 T	19 T	19 S	19 T
20 T	20 S	20 W	20 F	20 M	20 W
21 F	21 M	21 T	21 S	21 T	21 T
22 S	22 T	22 F	22 S	22 W	22 F
23 S	23 W	23 S	23 M	23 T	23 S
24 M	24 T	24 S	24 T	24 F	24 S Christmas Eve
25 T	25 F	25 M Queen's Birthday (WA)	25 W	25 S	25 M Christmas Day
26 W	26 S	26 T	26 T	26 S	26 T Boxing Day
27 T	27 S	27 W	27 F	27 M	27 W
28 F	28 M	28 T	28 S	28 T	28 T
29 S	29 T	29 F	29 S	29 W	29 F
30 S	30 W	30 S	30 M	30 T	30 S
31 M	31 T		31 T		31 S New Year's Eve

I changed my password everywhere to 'incorrect.'
That way when I forget it, it always reminds me,
'Your password is incorrect'

About us...

Indie Experts is an independent publishing specialist working with non-fiction authors in the before, during and after stages of publishing. Visit **books.indieexperts.com.au/** to see some of the books our amazing authors have published.

Re-order your POP planner in November. Bonus options for early birds! indieexperts.com.au/pop/